Cocina vegetariana

las mejores recetas del mundo

> Autora: **Marlisa Szwillus** | Fotografías: **Kai Mewes**

EVEREST

Contenidos

Teoría

Recetas

Extra

El nuevo gusto

La cocina vegetariana está cada vez más de moda. Los platos elaborados con alimentos frescos y ligeros son el centro de atención gracias a su original combinación de ingredientes y extraordinarias especias. Aquí te proponemos que enriquezcas tus recetas con innovaciones culinarias de todas las cocinas del mundo. De esta forma, hasta los paladares más refinados podrán disfrutar de platos vegetarianos extremadamente sabrosos que, además, cuidan de nuestra figura y bienestar gracias a todo un abanico de saludables nutrientes bioactivos.

Las grandes ventajas

Cocinar y comer platos vegetarianos está cada vez más de moda. Y es que a estas alturas todo el mundo sabe que la cocina vegetariana moderna es sabrosa, de fácil digestión y permite un alto grado de creatividad y variedad en los platos. El placer y la salud no están reñidos; al contrario, las fuentes de placer aumentan. La cocina vegetariana aporta una gran vitalidad tanto física como mental. Quien lleva una alimentación equilibrada, ya sea con la ausencia total o parcial de carne, padece sobrepeso y enfermedades con mucha menos frecuencia. Así lo han demostrado numerosos estudios sin ningún resquicio de duda.

Salud de manos de la Naturaleza

Las frutas, las verduras, las hierbas, las legumbres, los cereales, las nueces y las semillas contienen sustancias vegetales secundarias que les dotan de color, aroma y sabor de una forma natural. Hasta hoy se han descubierto unas 10 000 sustancias de este tipo en los alimentos. Los expertos son de la opinión de que estas sustancias altamente eficaces deben ocupar los primeros puestos de nuestro "hit parade" de alimentos sanos, ya que fortalecen el sistema inmunológico, nos defienden del ataque de bacterias y virus, reducen la presión arterial y los niveles de colesterol perjudicial e, incluso, previenen el cáncer.

5 raciones al día es lo ideal

Para disfrutar de las grandes ventajas de las sustancias vegetales, así como de los nutrientes esenciales de la fruta y la verdura, es necesario ingerir 5 raciones de verduras y frutas repartidas a lo largo del día (3 raciones de

> *Cuanto más colorida sea la selección de verduras, más beneficiosa será para el sistema inmunológico.*

verdura y 2 raciones de fruta). La cantidad diaria recomendada son unos 600 g (1 lb 5 oz). ¡No te cortes a la hora de mezclar alimentos!

Las proteínas son vitales

Las proteínas constituyen una sustancia fundamental para el cuerpo. La carne no es el único proveedor de proteínas saludables. Por ejemplo, la combinación de patatas y huevos aporta los máximos valores proteínicos. También las legumbres, así como el tofu y todos los productos lácteos pueden sustituir a la carne como sabrosos proveedores de proteínas.

Métodos de cocción

Rehogar

Se trata de un método ideal para cocinar las verduras, ya que el hecho de hacerse en su propio jugo o con poco líquido a una temperatura de 100 ºC (200 ºF) no sólo conserva inalterados sus valiosos nutrientes, sino que también mantiene el sabor propio y el aroma característico de los ingredientes. Se puede rehogar en un recipiente cuyo fondo transmita bien el calor, en una cazuela de barro o en algún tipo de lámina de papel, ya sea de aluminio o para asar. Antes de rehogar los alimentos, no se fríen ligeramente, por lo que no se tuestan. Después de rehogarlos (sin o con poco aceite), hay que bajar el fuego, tapar el recipiente y dejar que el plato termine de hacerse en el punto de ebullición. Si se utiliza un recipiente de barro o algún tipo de lámina de papel, el plato debe terminar de cocinarse en el horno.

Hacer en el horno

El calor uniforme del horno es ideal para *soufflés* dulces y salados y para pizzas. A una temperatura elevada se pueden gratinar con queso platos de patatas, cereales y verduras.

Freír

Con este método, primero se doran los alimentos brevemente con poco aceite a fuego vivo y luego se dejan que se terminen de hacer a fuego suave. El jugo resultante se puede remover con un poco de líquido y preparar como salsa.

Hacer en su jugo

En este caso, los alimentos se fríen ligeramente en un poco de aceite, se riegan con algo de líquido, se tapan y se dejan hacer a fuego lento. Las verduras rellenas resultan especialmente aromáticas cuando se cocinan de este modo.

Hervir

Las sopas y los guisos sustanciosos se hierven. Previamente, los ingredientes pueden rehogarse, condimentarse y regarse con mucho líquido. A continuación, se debe dejar que se hagan tapados y a fuego lento.

Frutas, verduras y hierbas

La compra

Las verduras, las lechugas, las setas, las hierbas y la fruta deben ser lo más frescas y de la máxima calidad posible, ya que la frescura y la calidad influyen en la misma medida en el aspecto, el gusto y la salud que aportan. Compre sólo las cantidades que necesite para tres o cuatro días. Decántese por los productos de temporada, porque tanto la fruta como la verdura están más baratas y contienen en ese momento todo su aroma y nutrientes.

Frescura congelada

Los productos ultracongelados suponen una buena alternativa a la fruta, verduras y hierbas frescas. Son la mejor

> La lechuga y las hierbas se conservan mejor en una bolsa de plástico dentro de la nevera.

opción cuando no hemos encontrado productos frescos en el mercado o no tenemos mucho tiempo. La ultracongelación es el mejor método de conservación que se conoce. Sin embargo, cuando un alimento se descongela lentamente puede perder sus nutrientes. Por lo tanto, caliente las verduras congeladas directamente en la cazuela o la sartén.

La conservación

Inmediatamente después de recoger los alimentos del campo, las sustancias vegetales empiezan a envejecer, y los nutrientes esenciales se van perdiendo. Por eso, lo mejor es preparar y consumir cuanto antes los alimentos frescos. Si es necesario conservarlos durante un breve espacio de tiempo, entonces:

➤ Separe las verduras por tipos nada más comprarlas, enváselas de forma que les entre aire y guárdelas en el cajón correspondiente del frigorífico. Excepción: berenjenas, pepinos, pimientos, calabacines y tomates no necesitan frío.

➤ Quite el pedúnculo verde a los tubérculos y las raíces.

➤ Meta las hojas de lechuga sueltas en una bolsa para alimentos frescos y guárdelas en el cajón del frigorífico.

➤ No ponga las hierbas a remojo, porque si no se ponen lacias. Es mejor conservarlas en el frigorífico en bolsas con cierre para alimentos frescos.

➤ Conserve las cebollas y el ajo en una cesta colocada en un lugar fresco.

➤ La fruta, especialmente las bayas, no deben conservarse en el frigorífico más de 2 días. Los cítricos, los melones y los plátanos no deben meterse en la nevera, sino en un lugar fresco.

La preparación

La fruta y las verduras frescas deben lavarse a fondo por fuera, limpiarse por dentro y cortarse en trocitos. Nunca deben dejarse en remojo mucho tiempo. Los alimentos troceados deben prepararse inmediatamente. En caso contrario, hay que guardarlos en un envase hermético en la nevera.

Utensilios prácticos de cocina

Lavar y cortar: las verduras de consistencia sólida resisten las fricciones del cepillo, pero en el caso de la fruta delicada, es suficiente con un ligero lavado. Para trocear verduras, patatas, hierbas y frutas, necesita una tabla grande con ranuras para el jugo (ideal para tomates y frutas jugosas). Un cuchillo especial para verduras no debe faltar en el equipamiento básico. Para rallar alimentos completos o pieles de cítricos, también es muy útil contar con un rallador que se pueda ajustar milimétricamente al grosor deseado.

Cocinar: el punto adecuado de cocción de las verduras tiernas se consigue con mayor exactitud en una cestita asiática de bambú o en un recipiente específico de cocción al vapor. Una batidora prepara en un abrir y cerrar de ojos sopas y salsas cremosas, así como postres de frutas. Otro utensilio clásico es el pasapurés; con él se trituran verduras hervidas y tomates crudos. En el wok se pueden preparar alimentos troceados fino en pocos minutos, y en las grandes sartenes asiáticas también se pueden rehogar, guisar a fuego lento y freír todo tipo de productos.

Condimentar: para dosificar correctamente la cantidad de dientes de ajo frescos, el prensador de ajos es la mejor opción. Un mortero es imprescindible para combinar especias. Para moler especias, basta con girar una vez el molinillo. Si además se añaden hierbas secas, pimienta o guindillas secas, el aroma del plato resultará exquisito.

Decorar: con los utensilios adecuados, se puede conferir a las frutas y las verduras un aspecto aún más apetecible; por ejemplo, con una cucharilla francesa. También podemos cortar rápidamente flores de zanahoria y ruedas de pepino con un cuchillo cincelador. Un cortador para juliana te ayudará a obtener finos rizos de las verduras de consistencia sólida, y tiritas finitas de piel de limón. A los niños les encantan las figuras de animales y las letras. Si tienes los moldes adecuados, será "pan comido".

Receta básica

Imprescindible

Un sustancioso caldo de verduras constituye una base indispensable para la preparación de sopas y salsas, así como un ingrediente ineludible de muchos platos sabrosos. Se pueden utilizar caldos instantáneos, pero es obvio que los caseros saben mucho mejor. El caldo se puede consumir inmediatamente después de su elaboración o se puede congelar en raciones para nutrir la despensa.

Caldo de verduras

PARA 2 L (70 FL OZ)

➤ **3 manojos grandes de verduras para sopa (p. ej. perejil, zanahoria, puerro y apio)**

3 tomates

1 cebolla grande

2 cs de aceite

2 ramitas de tomillo

2 hojas de laurel

1 ct de granos de pimienta

4 clavos

sal

CONSEJO

Caldo asiático

Añadir a la receta básica 2 dientes de ajo, 1 trozo de jengibre (2 cm -0,78 pulgadas-), 4 tallos de cebolla temprana (limpia y picada) y 1 puntita de cúrcuma.

1 *Lavar, limpiar y cortar en trocitos las verduras para sopa y los tomates.*

2 *Pelar las cebollas y partirlas por la mitad. Dorarlas bien en un recipiente alto sin aceite.*

3 *Añadir aceite, las verduras, tomillo, especias y 2 l (70 fl oz) de agua. Llevar todo a ebullición y mantenerlo a fuego lento durante 1 hora tapado.*

4 *Colar el caldo y aplastar las verduras con una cuchara. Condimentar con sal.*

Ingredientes para enriquecer las sopas

Mezcla de verduras: lavar, limpiar y cortar en daditos muy pequeños 1 zanahoria, 1/2 calabacín y 1 tallo tierno de apio. Calentar 1 cs de aceite de oliva y otra de mantequilla en una sartén pequeña. Rehogar *al dente* las verduras a fuego medio. Salpimentarlas ligeramente. Añadir la mezcla de verduras al caldo caliente y servir la sopa inmediatamente.

Pasta de semillas de adormidera: elaborar una masa lisa y de consistencia media removiendo 125 g (4$^{1/2}$ oz) de harina, 2 huevos, sal, pimienta y 2-3 cs de agua. Añadir 1 cs colmada de semillas de adormidera recién molidas, la piel rallada de 1/2 limón y 1 melisa picada fino. Amasar la mezcla hasta que salgan burbujas. Pasar la masa por una prensa para pasta, echarla en agua hirviendo y dejar que se haga a fuego medio. La pasta está en su punto cuando flota en la superficie. Sacarla y verter en el caldo de verduras caliente.

Picadillo de aceitunas: quitar el pedúnculo a 2 tomates. Escaldarlos, pelarlos y partirlos por la mitad. Retirar las semillas y cortarlos en daditos. Picar groseramente 50 g (2 oz) de aceitunas verdes y otros tantos de aceitunas negras, ambas deshuesadas. Añadir a las aceitunas 50 g (2 oz) de Parmesano rallado. Servir en platos hondos caldo de verduras caliente y los tomates troceados, y rociar todo con el picadillo de aceitunas.

Rombos de huevo con hierbas: mezclar 2 huevos, 4 cs de nata, 2 cs de hierbas picadas, sal, pimienta y un poco de nuez moscada recién rallada. Engrasar un molde plano refractario. Verter la masa, taparla y dejar que se cuaje al baño María durante 25 minutos. Volcar la masa y cortarla en rombos. Echarlos en el caldo de verduras caliente y rociarlo con hojitas de hierbas o pimentón.

Aperitivos y entrantes

Cuando sentimos ese gusanillo en el estómago, no hay nada mejor que tomar sabrosos aperitivos y pequeños bocaditos que puedan comerse sin cuchillo ni tenedor. Este placer sin complicaciones está totalmente de moda, ya sea para picar entre horas o como cena ligera. En grandes cantidades, son ideales para fiestas y picnics.

Recetas rápidas

Crostini al pesto

PARA 4 PERSONAS

➤ 2 cs de piñones | 12 rebanadas
de baguette | 12 ct de pesto (de bote)
12 tomates *cherry*

1 | Dorar brevemente los piñones en una
sartén sin aceite a fuego medio. Tostar
ligeramente las rebanadas de baguette y
rociar cada una con 1 ct de pesto.

2 | Lavar los tomates, secarlos y cortarlos
en rodajas. Repartirlos sobre los panes.
Espolvorear los *crostini* con los piñones
tostados.

Verduras al romero

PARA 4 PERSONAS

➤ 1 kg (2¼ lb) de verduras (p. ej. calabaci-
nes, pimientos, hinojo) | 2 ramitas de
romero | 1/2 manojo de perejil | 1 limón
| 4 cs de aceite de oliva | sal | pimienta

1 | Lavar las verduras, limpiarlas y cortarlas
en trozos grandes. Lavar las hierbas y picar-
las. Lavar el limón y cortarlo en rodajas.

2 | Mezclar las verduras con las hierbas, el
limón y el aceite. Hacerlas *al dente* durante
10 minutos en una parrilla grande. Retirar el
limón y salpimentar la verdura.

especialidad mexicana

Tacos con *dip* de judías

PARA 4 PERSONAS

- 1 bote de judías blancas (400 g -14 oz-)
  3 cs de yogur
  2 cs de *ketchup*
  1 ct de curry en polvo
  2 cs de zumo de limón
  pimienta de Cayena
  200 g (7 oz) de tacos
  sal

🕐 Preparación: 15 min
- Aprox. 345 kcal por ración

1 | Aclarar las judías en un colador con agua fría y dejar que escurran. Picarlas en una picadora o trituradora. Echarlas en un bol.

2 | Mezclar el puré de judías con yogur, *ketchup* y curry. Condimentarlo con zumo de limón, pimienta de Cayena y sal. Servir el *dip* de judías con los tacos.

especialidad española

Dados de queso

PARA 4 PERSONAS

- 1 trozo de 300 g (11 oz) de queso manchego
  1 huevo
  4 cs de pan rallado grueso
  2 cs de almendras molidas
  3 cs de harina
  aceite de oliva
  100 g (4 oz) de aceitunas negras y 100 g (4 oz) de aceitunas verdes, ambas deshuesadas

🕐 Preparación: 20 min
- Aprox. 495 kcal por ración

1 | Quitar la corteza al queso y cortarlo en dados. Batir el huevo y mezclar el pan rallado y las almendras.

2 | Rebozar los dados de queso primero en harina, luego en el huevo batido y, finalmente, en la mezcla de pan rallado y almendras.

3 | Calentar un dedo de aceite en una sartén y freír los dados de queso a fuego medio. Con un palillo, pinchar primero una aceituna, y luego el dado de queso. Servirlos calientes.

fácil

Rollitos de espárrago

PARA 4 PERSONAS

- 16 espárragos verdes
  2 cs de mantequilla
  150 g (5 oz) de pasta filo
  3 cs de Parmesano recién rallado
  sal

🕐 Preparación: 45 min
- Aprox. 220 kcal por ración

1 | Calentar el horno a 200º (400 ºF) (horno turbo: 180º -360 ºF-). Hervir agua con sal. Limpiar los espárragos, blanquearlos durante 5 minutos y escurrirlos bien.

2 | Derretir la mantequilla y pintar con ella las láminas de pasta. Cortarlas en 16 rectángulos (8 x 10 cm -3,18 x 4 pulgadas-) y colocar 1 espárrago en cada uno de ellos. Espolvorear con queso y enrollarlos.

3 | Colocar los rollitos en una bandeja de horno y cocinarlos (posición media) durante 5 minutos hasta que queden *al dente*.

para bufé | económica

Tomates *cherry* rellenos

PARA 4 PERSONAS

➤ 1 cebolleta
  1 manojo de perejil
  200 g (7 oz) de queso fresco
  3 cs de nata
  1 cs de vinagre de vino blanco
  12 tomates *cherry* con el pedúnculo
  sal | pimienta de Cayena

🕐 Preparación: 25 min
➤ Aprox. 110 kcal por ración

1 | Limpiar las cebolletas, lavarlas y cortarlas en aros muy finos. Lavar el perejil, sacudirlo para secarlo y picar finamente la mitad de las hojitas.

2 | Mezclar bien el queso fresco con la nata y el vinagre. Añadir el perejil picado y la cebolleta. Si la masa queda muy espesa, agregar un poco de agua. Condimentar con sal y pimienta de Cayena.

3 | Lavar y secar los tomates. Cortar el pedúnculo en forma de tapa y sacar cuidadosamente la pulpa con una cucharilla.

4 | Rellenar los tomates con la masa de queso fresco y colocar la tapa. Espolvorear los tomates con el resto de hojitas de perejil.

➤ Bebida: Prosecco o un vino blanco ligero bien frío.

asiatica | afrutada

Rollitos de papel de arroz

PARA 4 PERSONAS

➤ 100 g (4 oz) de tus brotes favoritos (p. ej. brotes de mungo)
  100 g (4 oz) de lechuga romana
  1 manojo de albahaca tailandesa (o europea en su defecto)
  1/4 de pepino
  1 papaya grande
  16 hojas de papel de arroz (de 16 cm Ø -6,39 pulgadas-)
  50 ml (2 fl oz) de caldo de verduras
  4 cs de zumo de limón
  5 cs de salsa clara de soja
  1/2 ct de Sambal Oelek

🕐 Preparación: 30 min
➤ Aprox. 35 kcal por ración

1 | Lavar los brotes, la lechuga y la albahaca y escurrirlos. Cortar la lechuga en trozos grandes. Lavar los pepinos, cortarlos a lo largo en cuartos, quitarles las semillas y trocearlos en tiras cortas y gruesas.

2 | Cortar la papaya a lo largo por la mitad, quitarle el hueso y pelarla. Cortar las mitades transversalmente por la mitad y trocearlas en tiras gruesas.

3 | Para el relleno, colocar 2 hojas de papel de arroz una sobre otra y sumergirlas brevemente en un bol con agua templada. Ponerlas una al lado de la otra. Colocar sobre cada pareja de papeles los brotes, la lechuga, la albahaca, el pepino y la papaya, y formar un rollito con el papel.

4 | Para el *dip*, mezclar el caldo de verduras, el zumo de limón, la salsa de soja y el Sambal Oelek. Servirlo inmediatamente junto a los rollitos de papel de arroz.

un clásico reinventado

Minipizzas con rúcula

PARA 4 PERSONAS

➤ 1 cebolla

200 g (7 oz) de tomates tamizados con hierbas (producto preparado)

2 bases de pizza (congeladas)

2 manojos de rúcula

un trozo de 40 g (1¼ fl oz) de Parmesano

sal | pimienta

papel de horno

🕓 Preparación: 15 min (+ tiempo de cocción)

➤ Aprox. 180 kcal por ración

1 | Calentar el horno (ver consejo pág. 52). Cubrir la bandeja del horno con papel. Pelar la cebolla, cortarla en daditos y mezclarla con el tomate. Salpimentar.

2 | Sacar las bases de pizza y recortar círculos de 8 cm Ø (3,18 pulgadas). Cubrirlos con la salsa de tomate. Colocar las pizzas en la bandeja y dejar que se hagan en el horno según las indicaciones del paquete.

3 | Mientras tanto, lavar la rúcula y cortarla en trozos grandes. Rallar el Parmesano en virutas finas.

4 | Repartir la rúcula y el Parmesano por las minipizzas y servirlas calientes.

➤ Bebida: Prosecco o vino tinto ligero.

económica

Tiras de batata con salsa de pimiento

PARA 4 PERSONAS

➤ 3 cs de aceite

chile en polvo

800 g (2 lb) de batatas (en su defecto, patatas de pulpa compacta)

2 pimientos rojos

1 cebolla

100 ml (3½ fl oz) de caldo de verduras

2 cs de vinagre de vino

1 ct de Sambal Oelek

1 manojo de perejil

sal

papel de horno

🕓 Preparación: 45 min

➤ Aprox. 290 kcal por ración

1 | Calentar el horno a 200 °C (400 °F). Cubrir la bandeja del horno con papel. Mezclar aceite con un poco de chile en polvo y sal.

2 | Pelar las batatas, cortarlas a lo largo en tiras y mezclarlas con el aceite condimentado. Repartirlas por la bandeja. Hacerlas en el horno (posición central) durante 25-30 minutos.

3 | Mientras tanto, para hacer la salsa, lavar los pimientos, partirlos por la mitad, limpiarlos, pelarlos y trocearlos. Pelar la cebolla y cortarla en daditos. Hervir la verdura en el caldo y dejar que se haga a fuego lento durante 10 minutos.

4 | Triturar las verduras, tamizarlas y dejar que se reduzcan con el recipiente abierto. Condimentarlas con vinagre, Sambal Oelek y sal. Lavar el perejil, picar las hojas fino las hojitas y mezclarlas con la salsa de pimiento.

5 | Poner brevemente las tiras de batata sobre papel de cocina para que pierdan la grasa y servirlas con la salsa.

Ensaladas y primeros platos

Lo bueno de estos platos es que nunca se hacen aburridos. Hoy prepara verduras hervidas al dente, mañana se las comes crudas y pasado añade un toque de aroma asiático. Los puede encontrar ya preparados para incluirlos en su menú diario o pueden llegar a ser extremadamente refinados para una ocasión especial. También puede llevárselos al trabajo para picar entre horas. Siempre hay un plato para cada ocasión y gusto.

Recetas rápidas

Ensalada Tex-Mex

PARA 4 PERSONAS

➤ 1 diente de ajo pequeño │ 4 cs de aceite │ 2 cs de zumo de limón │ 1/2 ct de mostaza semifuerte │ 1 pimiento rojo │ 1 aguacate pequeño │ 1 bote de maíz (425 g -14$^{1/2}$ oz-) │ 4 hojas de lechuga │ sal │ pimienta

1 │ Pelar el ajo, machacarlo y mezclarlo con aceite, zumo de limón, mostaza, sal y pimienta. Lavar el pimiento, limpiarlo y cortarlo en tiras. Pelar el aguacate, quitarle el hueso y cortarlo en láminas. Pasar ambos ingredientes por la salsa anterior.

2 │ Escurrir el maíz y lavar la lechuga. Introducir todo en un recipiente y verter por encima el resto de la salsa.

Tofu agridulce

PARA 4 PERSONAS

➤ 500 g (1 lb) de tofu de hierbas │ 2 zanahorias │ 1 manojo de cebolletas │ 2 cs de aceite de sésamo │ 6 cs de salsa clara de soja │ 3 cs de vinagre de vino blanco suave │ 2 cs de Cream Sherry (o caldo de verduras) │ 1 cs de azúcar

1 │ Cortar el tofu en láminas de 1 cm (0,39 pulgadas) de grosor. Lavar las zanahorias y las cebolletas, limpiarlas y cortarlas en tiras finas. Calentar aceite en una sartén grande. Dorar el tofu y mantenerlo caliente.

2 │ Rehogar las verduras en el aceite restante. Mezclar la salsa de soja, el vinagre, el Sherry y el azúcar, y hervir todo. Condimentar las verduras, repartirlas por los platos y colocar encima el tofu.

para bufé

Ensalada de apio con manzana y piña

PARA 4 PERSONAS

➤ 200 g (7 oz) de ramas de apio

200 g (7 oz) de apio nabo

3 cs de zumo de limón

2 manzanas rojas pequeñas

2 cs de nueces

3 cs de salsa para ensalada con yogur

4 cs de leche

300 g (11 oz) de piña fresca

pimienta

⊙ Preparación: 25 min

⊙ Tiempo de reposo: 1 h

➤ Aprox. 170 kcal por ración

1 | Lavar ambos tipo de apio, limpiarlos o pelarlos, y cortarlos en daditos. Mezclarlos inmediatamente con el zumo de limón. Picar las hojas tiernas de apio.

2 | Lavar las manzanas, secarlas, partirlas en cuartos, quitarles las semillas y cortarlas en láminas. Mezclarlas con el apio. Picar las nueces grueso.

3 | Remover bien la salsa de yogur con la leche y pimentarla. Mezclar 1 cs de nueces y hojas de apio con la mezcla de apio y manzana. Taparlo y dejarlo en reposo durante 1 hora en la nevera.

4 | Pelar la piña y quitarle el tronco. Trocear la pulpa y mezclarla con la ensalada. Rociarla con el resto de nueces.

➤ Acompañamiento: pan integral oscuro o pan payés.

➤ Bebida: zumo de manzana natural o refresco de manzana.

oriental | económica

Ensalada de cuscús

PARA 4 PERSONAS

➤ 250 ml (9 fl oz) de caldo de verduras

6 cs de zumo de limón

4 cs de aceite de oliva

200 g (7 oz) de cuscús

3 cebolletas

4 tomates medianos

1 manojo de eneldo

sal | pimienta

⊙ Preparación: 15 min

⊙ Tiempo de reposo: 20 min

➤ Aprox. 285 kcal por ración

1 | Calentar el caldo de verduras. Removerlo con 5 cs de zumo de limón y aceite en un bol. Salpimentarlo abundantemente. Mezclar el cuscús con la salsa recién preparada y dejarlo en reposo durante 20 minutos hasta que se hinche y se ablande.

2 | Mientras tanto, limpiar las cebolletas, lavarlas y cortarlas en aros finos. Lavar los tomates y cortarlos en daditos. Lavar y picar el eneldo. Ahuecar el cuscús con un tenedor y añadir la verdura y el eneldo.

3 | Condimentar la ensalada de cuscús con sal, pimienta y el zumo de limón restante, dándole un punto ligeramente ácido.

para invitados | económica

Verduras con lechuga romana

PARA 4 PERSONAS

- 150 g (5 oz) de calabacines finos y 150 g (5 oz) de berenjenas

  250 g (9 oz) de champiñones

  2 cs de aceite de oliva

  1 lechuga romana

  1 manojo de perejil

  2 cs de vinagre de vino blanco

  1/2 ct de mostaza

  2 cs de aceite de nuez

  sal | pimienta

  papel de horno para la bandeja

🕐 Preparación: 25 min
- Aprox. 120 kcal por ración

1 | Calentar el horno a 250 ºC (500 ºF). Cubrir la bandeja del horno con papel. Lavar y limpiar los calabacines y las berenjenas. Limpiar los champiñones. Cortar todo en rodajas muy finas.

2 | Condimentar las rodajas de verdura con aceite de oliva y un poco de pimienta, y extenderlas en la bandeja. Meterlas en el horno durante unos 12 minutos hasta que queden crujientes, dándoles la vuelta de vez en cuando.

3 | Mientras tanto, separar las hojas de la lechuga una por una, lavarlas y sacudirlas para secarlas. Lavar el perejil y quitarle las hojitas. Preparar un aliño con vinagre, mostaza, sal, pimienta y aceite de nuez.

4 | Aliñar la lechuga y servirla en platos con las verduras y las hojitas de perejil.

- Acompañamiento: pan blanco o baguette.

asiática | rápida

Espinacas con salsa de sésamo

PARA 4 PERSONAS

- 600 g (1 lb 5 oz) de espinacas congeladas

  2 cs de semillas de sésamo peladas

  2 cs de pasta de sésamo (envasada)

  2 ct de aceite de sésamo

  4 cs de salsa clara de soja

  4 cs de caldo de verduras (o agua)

  1/2 ct de azúcar, pimienta

🕐 Preparación: 20 min
- Aprox. 100 kcal por ración

1 | Descongelar las espinacas según las instrucciones del paquete hasta que estén a temperatura ambiente. Tostar las semillas de sésamo en una sartén seca.

2 | Desleír la pasta de sésamo en un cuenco plano con aceite de sésamo, salsa de soja, caldo y azúcar.

3 | Escurrir las espinacas, mezclarlas con la salsa mientras estén calientes y salpimentarlas. Repartirlas en 4 cuencos, espolvorearlas con las semillas de sésamo tostadas y servirlas calientes o templadas como primer plato.

CONSEJO

Si quieres duplicar el tamaño de la ensalada de espinacas para acompañar unos huevos estrellados con patatas, puedes preparar en poco tiempo un plato principal que saciará el hambre de 4 comensales.

fácil | sorprendente

Timbales de hierbas con verduras picadas

PARA 4 PERSONAS

- 1 calabacín pequeño
  6 hojas de gelatina blanca
  1 manojo de cebollino,
  1 de eneldo y 1 de perejil
  450 g (1 lb) de crema agria
  2 ct de crema de rábano
  blanco picante (de bote)
  zumo de limón
  1 pimiento amarillo
  2 cs de vinagre de vino
  blanco
  1 cs de aceite
  sal | pimienta
  4 moldes pequeños de tim-
  bal de 150 ml (5$^{1/2}$ fl oz)

- Preparación: 25 min
- Tiempo de enfriamiento: 3 h
- Aprox. 165 kcal por ración

1 | Lavar el calabacín, secarlo y cortar un trozo de unos 50 g (2 oz). Picar finamente este trozo con un rallador de verduras y salpimentarlo ligeramente.

2 | Poner en remojo la gelatina durante 5 minutos en agua fría. Lavar las hierbas, sacudirlas para secarlas y picar algunas finamente para la decoración. Remover bien la crema agria.

3 | Escurrir la gelatina y derretirla en un pequeño recipiente a fuego lento (¡que no hierva!). Retirarla del fuego, añadir primero un poco de crema agria y, después, mezclar el resto de crema agria con la mezcla de gelatina. Remover el calabacín picado con las hierbas. Condimentar la mezcla con la crema de rábano blanco picante, sal, pimienta y zumo de limón.

4 | Aclarar los moldecitos de timbal (altos) con agua fría y verter la mezcla de hierbas. Taparla y meterla en el frigorífico durante 3 horas (o durante la noche).

5 | Un poco antes de servir los timbales, lavar el pimiento, partirlo por la mitad y limpiarlo. Cortarlo en daditos muy pequeños junto con el calabacín restante. Preparar un aliño con vinagre, una pizca de sal, una de pimienta y aceite. Aliñar los daditos de verdura.

6 | Para servir los timbales, volcar los moldes sobre los platos y decorarlos con las hierbas restantes. Repartir la mezcla de verduras picadas alrededor.

CONSEJO

Si no quiere utilizar gelatina, también puede ligar la masa de hierbas con agaragar vegetal. Partiendo de 150 ml (5$^{1/2}$ fl oz) de leche, tomar 4 cs y mezclarlas con 2 ct de agaragar. Añadir la leche restante, llevarla a ebullición y mantenerla a fuego lento 2 minutos sin dejar de remover. Retirarla del fuego, agregar primero un poco de crema agria y, luego, remover la mezcla de agaragar con la crema agria restante. Mezclarla con el calabacín picado y las hierbas y condimentar todo.

fría también está buena

Pipérade

PARA 4 PERSONAS

- 2 cebollas
  1 diente de ajo
  2 pimientos anaranjados o amarillos
  2 tomates
  1/2 manojo de perejil
  4 ramitas de tomillo
  4 cs de aceite de oliva
  5 huevos
  sal | pimienta

🕑 Preparación: 35 min

➤ Aprox: 215 kcal por ración

1 | Pelar las cebollas y partirlas por la mitad. Pelar el ajo. Cortar ambos ingredientes en rodajas finas. Lavar los pimientos, limpiarlos y cortarlos en tiras.

2 | Quitar el pedúnculo a los tomates, escaldarlos, pelarlos, quitarles las semillas y cortarlos en dados. Lavar las hierbas, sacudirlas para secarlas, quitarles las hojitas y picarlas.

3 | Calentar 2 cs de aceite en una sartén antiadherente grande. Rehogar las cebollas, el ajo y los pimientos durante 5 minutos. Añadir los tomates y las hierbas.

4 | Batir los huevos, salpimentarlos, verterlos sobre los ingredientes de la sartén y dejar que se cuajen a fuego lento. Pasarlos a un plato grande y echar en la sartén el aceite restante. Darle la vuelta a la pipérade y volver a echarla en la sartén. Dejar que se haga durante 6-8 minutos más. Trocearla antes de servirla caliente o fría.

para llevar

Magdalenas de verduras

PARA 8 RACIONES

- 50 g (2 oz) de tomates secos conservados en aceite
  1 rama de apio tierna
  125 g (4¹/² oz) de harina
  1 ct de levadura
  1/4 ct de sal
  1/2 ct de tomillo seco
  1 huevo
  75 ml (3 fl oz) de leche
  1 1/2 cs de aceite de oliva
  2 ct de alcaparras
  16 moldes pequeños para magdalenas (5 cm Ø -2 pulgadas-)

🕑 Preparación: 25 min

🕑 Tiempo de cocción: 25 min

➤ Aprox.105 kcal por ración

1 | Calentar el horno a 200 ºC (400 ºF). Escurrir los tomates y cortarlos en daditos. Lavar el apio, limpiarlo y trocearlo en daditos.

2 | Mezclar la harina con la levadura, la sal y el tomillo. Separar la clara de la yema. Montar la clara a punto de nieve. Batir la yema con leche y aceite de oliva e incorporarla rápidamente a la mezcla de harina.

3 | Añadir a la masa los tomates, el apio y las alcaparras. Agregar la clara montada y remover todo. Juntar los moldecitos de papel de 2 en 2, metiendo uno dentro de otro, y colocarlos sobre la bandeja del horno. Rellenarlos con la masa hasta una altura de dos tercios.

4 | Meter las magdalenas en el horno (posición intermedia, a 180 ºC -360 ºF-) durante 20-25 minutos hasta que se doren. Dejar que se enfríen. También se pueden tomar calientes.

Sopas y guisos

La zanahoria combina bien con el jengibre, las lentejas se fusionan con la piña formando una estrecha unión y la cebolla temprana da lo mejor de sí misma cuando la acompaña la guindilla y el cilantro. Cucharada a cucharada, las sopas y los guisos entonan el estómago y reaniman los sentidos. ¿No es la mejor manera de dar comienzo a una comida agradable en compañía de la familia o los amigos?

Recetas rápidas

Guiso de verduras

PARA 4 PERSONAS

➤ 600 g (1 lb 5oz) de verduras para sopa congeladas │ 1$^{1/2}$ l (52 fl oz) de caldo de verduras │ 1 bote de judías blancas (400 g -14 oz-) │ 2 hojas de laurel │ 1 pimiento rojo grande │ 1 manojo de perejil │ sal │ pimienta

1 │ Llevar las verduras a ebullición en el caldo. Escurrir las judías y añadirlas a la sopa junto con las hojas de laurel. Salpimentar. Tapar la sopa y mantenerla a fuego lento durante 20 minutos.

2 │ Lavar el pimiento, limpiarlo y cortarlo en tiras muy finas. Lavar el perejil y quitarle las hojitas. Echar ambos ingredientes en el guiso y salpimentarlo.

Sopa de miso

PARA 4 PERSONAS

➤ 800 ml (29 fl oz) de caldo de verduras claro │ 2 zanahorias │ 2 cebolletas │ 200 g (7 oz) de tofu sólido │ 3 cs de miso (pasta de soja fermentada) │ sal

1 │ Llevar a ebullición el caldo de verduras. Limpiar las zanahorias, cortarlas en palitos finos y echarlas en el caldo. Lavar las cebolletas, limpiarlas y cortarlas transversalmente en rodajas muy finas. Trocear el tofu en dados.

2 │ Remover bien el miso con un poco de caldo. Echarlo en el caldo y dejarlo cocer a fuego lento. Agregar el tofu y las cebolletas y dejarlas reposar durante 5 minutos. Condimentar la sopa con sal.

especialidad española

Gazpacho con huevo

PARA 4 PERSONAS

➤ 2 rebanadas
de pan tostado

2 chalotas | 1 diente de ajo

600 g (1 lb 5oz)
de tomates carnosos

1 pepino

1 pimiento amarillo
y otro verde

3 cs de aceite de oliva

2 cs de vinagre de vino

3 huevos

sal | pimienta

🕐 Preparación: 25 min

🕐 Tiempo de enfriamiento: 1 h

➤ Aprox. 210 kcal por ración

1 | Poner a remojo brevemente el pan tostado en agua fría y escurrirlo. Pelar las chalotas y el ajo y trocearlos groseramente. Escaldar los tomates, pelarlos, partirlos por la mitad, quitarles las semillas y cortarlos en daditos.

2 | Lavar el pepino y los pimientos, limpiarlos y cortarlos en daditos. Mezclarlos y reservar 4 cs. Triturar el resto con las chalotas, el ajo, los

tomates y el pan. Condimentar el puré con aceite, vinagre, sal y pimienta, taparlo y meterlo en el frigorífico 1 hora.

3 | Cocer los huevos 10 minutos. Refrescarlos, dejar que se enfríen, pelarlos y picarlos. Comprobar la condimentación del gazpacho. Repartirlo en platos y espolvorearlo con los dados de verdura restantes y los huevos picados.

➤ Acompañamiento: curruscos de pan blanco y aceitunas.

fácil | económica

Sopa de cebada con verdura de raíz

PARA 4 PERSONAS

➤ 100 g (4 oz) de cebada
perlada

2 cebollas pequeñas

2 cs de aceite de colza

$1^{1/2}$ l (52 fl oz) de caldo
de verduras

1 ct de mejorana seca

2 hojas de laurel

400 g (14 oz) de zanahorias, puerro y apio nabo

1/2 manojo de perejil

4 cs de crema agria

sal | pimienta

🕐 Preparación: 40 minutos

➤ Aprox. 245 kcal por ración

1 | Lavar la cebada en un colador y dejar que escurra. Pelar las cebollas y cortarlas en daditos. Calentar aceite en una cazuela. Dorar las cebollas y tostar la cebada ligeramente. Añadir $1^{1/2}$ l (52 fl oz) de caldo de verduras, mejorana y laurel. Llevar todo a ebullición, taparlo y dejar que se haga a fuego medio 20 minutos.

2 | Mientras tanto, pelar las verduras, lavarlas y cortarlas en daditos muy pequeños. Lavar el perejil y quitarle las hojitas.

3 | Agregar la verdura troceada a la cebada. Condimentar la sopa y dejar que se haga 15 minutos más a fuego lento hasta que las verduras y la cebada estén en su punto. Añadir el resto del caldo. Retirar las hojas de laurel.

4 | Picar fino el perejil y mezclarlo con la sopa junto con la crema agria. Salpimentar.

se puede preparar
con antelación

Sopa de patatas y queso

PARA 4 PERSONAS

➤ 750 g (1 lb 11 oz) de patatas harinosas

1 manojo de verduras para sopa (p. ej. perejil, zanahoria, puerro, apio)

1 cebolla

3 cs de aceite de oliva

850 ml (29 fl oz) de caldo de verduras

100 g (4 oz) de Roquefort

sal | pimienta

⏲ Preparación: 50 min

➤ Aprox. 350 kcal por ración

1 | Lavar las patatas y las verduras para sopa, limpiarlas y cortarlas en trocitos. Pelar la cebolla y picarla. Calentar aceite. Rehogar todo junto con 2 cs de verduras para sopa y salpimentarlo.

2 | Verter el caldo, llevarlo a ebullición y mantenerlo a fuego lento durante 30 minutos. Triturar los ingredientes. Desmenuzar el queso. Servir la sopa de patatas rociada con las verduras para sopa restantes y el queso.

para bufé

Sopa de zanahorias y jengibre

PARA 4 PERSONAS

➤ 600 g (1 lb 5 oz) de zanahorias

2 cebollas | 2 cs de aceite

30 g (1 oz) de jengibre

3/4 l de caldo de verduras

100 ml ($3^{1/2}$ fl oz) de zumo de naranja (sanguina)

100 g (4 oz) de crema de soja (o *crème fraîche*)

1 manojo de cebollino

sal | pimienta

⏲ Preparación: 25 min

➤ Aprox. 235 kcal por ración

1 | Pelar las zanahorias, las cebollas y el jengibre, y cortar todo en trocitos. Calentar aceite y rehogar todo 5 minutos. Añadir el caldo y el zumo, y salpimentar. Llevarlo a ebullición, taparlo y mantenerlo a fuego lento 20 minutos.

2 | Triturar los ingredientes y agregar la crema de soja. Condimentar todo. Lavar el cebollino, cortarlo en trozos de 2 cm (0,78 pulgadas) de longitud y espolvorear la sopa.

para invitados | rápida

Sopa de espinacas

PARA 4 PERSONAS

➤ 200 ml (7 fl oz) de leche

30 g (1 oz) de mantequilla

1 ct de ralladura de piel de limón

80 g ($2^{1/2}$ oz) de sémola de trigo duro

1 huevo | 1 yema

1 l de caldo de verduras

200 g (7 oz) de espinacas

sal | pimienta

nuez moscada

⏲ Preparación: 45 min

➤ Aprox. 255 kcal por ración

1 | Llevar a ebullición leche con mantequilla, ralladura de limón y un poco de sal. Añadir la sémola, llevarla a ebullición y removerla hasta que la masa se despegue del fondo del recipiente. Retirar del fuego y añadir el huevo y la yema.

2 | Llevar a ebullición el caldo. Sacar de la masa de sémola pequeños trozos y dejar que se hagan en el caldo durante 5 minutos. Lavar las espinacas, limpiarlas, echarlas en la sopa y condimentarla.

especialidad del Caribe

Lentejas con piña

PARA 4 PERSONAS

- 350 g (12 fl oz) de lentejas pardinas

  2 hojas de laurel

  1 cebolla grande

  1 manojo de verduras para sopa (p. ej. perejil, zanahoria, puerro, apio)

  600 g (1 lb 5 oz) de patatas de carne compacta

  3 cs de aceite de colza

  3 ct de caldo de verduras instantáneo

  300 g (11 oz) de pulpa de piña

  2 cs de zumo de limón

  sal | pimienta negra

  pimienta de Cayena

🕘 Preparación: 50 min

➤ Aprox. 500 kcal por ración

1 | Cubrir las lentejas y las hojas de laurel con agua fría, taparlas y hervirlas a fuego medio durante 20 minutos.

2 | Mientras tanto, pelar la cebolla y picarla finamente. Lavar la verdura para sopa, limpiarla y cortarla en daditos. Lavar las patatas, pelarlas y cortarlas en dados de 1 cm (0,39 pulgadas).

3 | Calentar aceite y rehogar la cebolla y las verduras para sopa. Añadir las patatas y las lentejas junto con el agua de cocción. Verter 800 ml (29 fl oz) de agua y enriquecerlos con caldo de verduras y pimienta negra. Llevar todo a ebullición, taparlo y dejar que se haga a fuego lento 15-20 minutos hasta que las lentejas y las patatas estén blandas.

4 | Trocear la piña y echarla en el guiso. Condimentarlo generosamente con sal, pimienta negra, pimienta de Cayena y zumo de limón.

oriental | económica

Guiso de garbanzos

PARA 4 PERSONAS

- 2 botes de garbanzos (400 g -14 oz- cada uno)

  3 pimientos verdes | sal

  2 cebollas | 2 dientes de ajo

  3 cs de aceite de oliva

  $1^{1/2}$ l (52 fl oz) de caldo de verduras

  3 tomates carnosos

  1/2 ct de harissa (pasta de especias picantes)

  200 g (7 oz) de yogur

  2 ct de comino molido

🕘 Preparación: 55 min

➤ Aprox. 365 kcal por ración

1 | Escurrir los garbanzos. Lavar los pimientos, partirlos por la mitad, limpiarlos y cortarlos en trozos tamaño bocado. Pelar las cebollas y el ajo, y cortarlos en daditos.

2 | Calentar el aceite y dorar las cebollas y el ajo. Rehogar brevemente los pimientos y los garbanzos. Verter el caldo y condimentarlo con sal y comino. Llevar todo a ebullición y mantenerlo a fuego lento durante 20 minutos.

3 | Mientras tanto, escaldar los tomates, escaldarlos, pelarlos, partirlos por la mitad y trocearlos. Echarlos en el guiso y dejar que se hagan otros 10 minutos.

4 | Condimentar el guiso con sal y harissa, y servirlo en platos hondos. Añadir 1 cs de yogur por encima.

➤ Acompañamiento: rebanadas finas de pan de maíz o sésamo.

fácil

Ratatouille con arroz

PARA 4 PERSONAS

- 150 g (5 oz) de arroz (hervido)
- 1 berenjena fina (250 g -9 oz-)
- 400 g (14 oz) de calabacines
- 3 pimientos amarillos
- 1 cebolla grande
- 1 diente de ajo
- 4 cs de aceite de oliva
- 1 bote pequeño de tomates pelados (400 g -14 oz-)
- 2 ct de hojitas de romero
- 3/4 l (27 fl oz) de caldo de verduras
- sal | pimienta

🕒 Preparación: 50 min
➤ Aprox. 325 kcal por ración

1 | Cocer el arroz según las instrucciones del paquete. Mientras tanto, lavar y limpiar las verduras. Cortar la berenjena y los calabacines en rodajas, y partirlas por la mitad, si procede. Cortar los pimientos en tiras. Pelar la cebolla y el ajo, y cortar todo en rodajas finas.

2 | Calentar el aceite en una cazuela e ir friendo en tandas las verduras, la cebolla y el ajo. Echar todo en la cazuela. Trocear los tomates y añadirlos. Salpimentar todo y agregar el romero y 1/2 l (17 fl oz) de caldo. Llevarlo a ebullición, taparlo y mantenerlo a fuego lento durante 20 minutos.

3 | Escurrir el arroz y mezclarlo con la verdura. Añadir más caldo caliente según se necesite. Salpimentar generosamente la *ratatouille*.

rápida | fácil

Guiso asiático

PARA 4 PERSONAS

- 300 g (11 oz) de fideos de trigo asiáticos (o tallarines)
- 1 1/2 l (52 fl oz) de caldo de verduras fuerte
- 1 cebolla temprana
- 1 chile rojo
- 450 g (1 lb) de brécol congelado
- 200 g (7 oz) de tomates *cherry*
- 1 cs de aceite de sésamo
- 3 cs de salsa clara de soja
- 1 manojo de cilantro (en su defecto, perejil)
- sal

🕒 Preparación: 30 min
➤ Aprox. 390 kcal por ración

1 | Cocer los fideos en agua hirviendo según las instrucciones del paquete. Llevar a ebullición el caldo de verduras. Limpiar la cebolla temprana y cortarla en cuartos. Lavar el chile, limpiarlo, quitarle las semillas y cortarlo en aros finos. Echar ambos ingredientes en el caldo y dejar que se hagan durante 5 minutos.

2 | Añadir el brécol y cocerlo *al dente* a fuego lento durante 2-3 minutos. Mientras tanto, lavar los tomates y partirlos por la mitad. Lavar el cilantro, sacudirlo para secarlo y quitarle las hojitas.

3 | Sacar la cebolla del caldo. Echar en el guiso los fideos escurridos y los tomates. Condimentarlo con aceite de sésamo, salsa de soja y sal, y servirlo espolvoreado con cilantro.

Sabrosos segundos platos

Las verduras, las patatas y los cereales son aquí los protagonistas indiscutibles de refinadas combinaciones con huevos, queso, productos lácteos, tofu, hierbas y especias. Platos vistosos, deliciosos y extraordinariamente variados. Proceden de Alemania, Grecia, Italia, Francia, España, México y Tailandia. ¿No le apetece probarlos?

Recetas rápidas

Verduras al curry

PARA 4 PERSONAS

➤ 2 cs de aceite │ 1 cs de pasta de curry
roja │ 400 ml (13$^{1/2}$ fl oz) de leche de
coco no azucarada (de bote) │ 600 g
(1 lb 5 oz) de verduras chinas
congeladas │ 250 g (9 oz) de tofu
de hierbas │ 3 cs de salsa clara
de soja │ sal │ pimienta

1 │ Calentar aceite en un wok y freír la pasta de curry durante 2 minutos. Verter la
leche de coco y 100 ml (4 fl oz) de agua y
llevar todo a ebullición sin dejar de remo-
verlo.

2 │ Añadir las verduras, taparlas y dejar
que se hagan a fuego lento durante 10
minutos. Cortar el tofu en dados y agre-
garlo. Condimentar el plato con curry y
salsa de soja, sal y pimienta, y servirlo con
arroz Basmati.

Ñoquis a las hierbas

PARA 4 PERSONAS

➤ 800 g (2 lb) de ñoquis │ 1 manojo de
hierbas variadas │ 4 cs de mantequilla │
100 ml (3$^{1/2}$ fl oz) de caldo de verduras │
4 cs de Parmesano recién rallado │ sal │
pimienta

1 │ Cocer los ñoquis en agua con sal según
las instrucciones del paquete. Lavar las
hierbas, sacudirlas para secarlas y picar
unas cuantas hojitas.

2 │ Calentar la mantequilla y el caldo en
una sartén grande. Saltear los ñoquis escu-
rridos. Añadir las hierbas. Salpimentar los
ñoquis y rociarlos con las hojitas de hierbas picadas y el Parmesano.

económica

Verduras gratinadas a los dos quesos

PARA 4 PERSONAS

- 400 g (14 oz) de zanahorias *baby*
  400 g (14 oz) de brécol
  400 g (14 oz) de coliflor
  1 l (35 fl oz) de caldo de verduras
  150 g (5 oz) de Cheddar
  50 g (2 oz) de Roquefort
  sal | pimienta
  2 ct de mantequilla para el molde

⏱ Preparación: 1 h
- Aprox. 290 kcal por ración

1 | Lavar las zanahorias y rasparlas. Limpiar el brécol y la coliflor, lavarlos y cortarlos en cogollitos.

2 | Llevar el caldo a ebullición y cocer las zanahorias tapadas 10 minutos. Añadir la coliflor y el brécol y dejar que se hagan 5 minutos. Calentar el horno grill (horno a 220 ºC -425 ºF-). Sacar la verdura y dejar que se escurra.

3 | Rallar el Cheddar y trocear el Roquefort. Engrasar un molde rectangular grande para gratinados. Colocar las verduras separadas por clases, dejando la coliflor en el centro, y salpimentar todo.

4 | Repartir el Cheddar sobre las zanahorias y el brécol, y el Roquefort sobre la coliflor. Gratinar las verduras hasta que los quesos se hayan derretido.

- Acompañamiento: puré de patatas.
- Bebida: vino rosado muy frío, o vino blanco seco.

rápida | fácil

Cazuela de patatas y pepinillos

PARA 4 PERSONAS

- 200 g (7 oz) de chalotas
  500 g (1 lb) de patatas
  2 cs de aceite de colza
  1 cs de mantequilla
  300 g (11 oz) de champiñones
  200 g (7 oz) de pepinillos en salmuera
  150 ml (5 fl oz) de caldo de verduras

1 manojo de eneldo
200 g (7 oz) de crema agria
sal | pimienta de Cayena

⏱ Preparación: 30 min
- Aprox. 240 kcal por ración

1 | Pelar las chalotas y las patatas y cortarlas en rodajas finas. Calentar aceite y mantequilla en una cazuela y freír a fuego medio las cebollas y las patatas.

2 | Limpiar los champiñones y cortarlos en 2 ó 4 partes. Cortar los pepinillos en rodajas. Saltear ambos en la misma cazuela. Verter 100 ml ($3^{1/2}$ fl oz) del líquido de los pepinillos y 100 ml ($3^{1/2}$ fl oz) de caldo, llevarlos a ebullición y dejar que se haga todo 10 minutos. Condimentarlo con sal y pimienta de Cayena.

3 | Lavar el eneldo y picarlo fino excepto un par de ramitas. Mezclar la crema agria con el eneldo picado y un poco de sal. Repartir la salsa sobre la cazuela de patatas y pepinillos y decorarla con las ramitas de eneldo.

- Bebida: cerveza rubia.

especialidad mexicana
Soufflé de maíz

PARA 4 PERSONAS

➤ 250 g (9 oz) de arroz
de grano largo

3 pimientos rojos

300 g (11 oz)
de calabacines

1 cebolla | 3 cs de aceite

1 bote de maíz (285 g
-12 oz-)

1/2 l de leche | 4 huevos

1/4 ct de chile en polvo

200 g (7 oz) de Gouda
recién rallado

sal | pimienta

1 ct de mantequilla
para el molde

🕒 Preparación: 30 min

🕒 Tiempo de cocción: 45 min

➤ Aprox. 895 kcal por ración

1 | Cocer el arroz según las instrucciones del paquete. Lavar las verduras, limpiarlas o pelarlas, y cortarlas en daditos.

2 | Calentar aceite en una sartén y saltear las verduras. Escurrir el maíz y añadirlo. Salpimentar.

3 | Calentar el horno a 175 ºC (360 ºF). Escurrir el arroz. Engrasar un molde de *soufflé*.

4 | Mezclar los huevos y la leche y condimentarlo con sal, pimienta y chile en polvo. Echar el arroz en el molde y repartir las verduras por encima. Verter la mezcla de huevos y leche y espolvorear todo con queso. Meterlo en el horno a 160 ºC (300 ºF) durante 45 minutos.

está rica también fría
Tortilla de spaguetti

PARA 4 PERSONAS

➤ 400 g (14 oz) de spaguetti

4 tomates

1 cebolla | 1 manojo
de perejil

4 hojas de salvia

1 ct de hojitas de romero

5 cs de aceite de oliva

pimentón dulce

300 g (11 oz) de guisantes
congelados

50 g (2 oz) de Parmesano
recién rallado

4 huevos

100 ml (3¹/² fl oz) de leche

sal | pimienta

🕒 Preparación: 40 min

➤ Aprox. 680 kcal por ración

1 | Hervir los spaguetti según las instrucciones del paquete y escurrirlos. Mientras, lavar los tomates, quitarles el pedúnculo y trocearlos bien. Pelar la cebolla y cortarla en dados. Lavar las hierbas. Picar unas hojas de perejil y el romero.

2 | Calentar 1 cs de aceite en un recipiente ancho. Freír la cebolla, el romero y la salvia. Añadir los tomates, sal, pimienta y pimentón, así como 50 ml (2 fl oz) de agua. Tapar el recipiente y ponerlo a hervir 10 minutos. Agregar los guisantes y dejar que se hagan 3 minutos.

3 | Mezclar los spaguetti, las verduras y el Parmesano. Batir los huevos y la leche y añadirlos. Salpimentar.

4 | Calentar 2 cs de aceite en 2 sartenes antiadherentes. Repartir la masa de tortilla entre ellas, taparla y dejar que cuaje a fuego lento y que se dore por debajo. Darle la vuelta a las tortillas y dejar que se doren por el otro lado. Servir las tortillas troceadas con el perejil restante.

se puede preparar
con antelación

Repollo con queso de oveja

PARA 4 PERSONAS

➤ 1 repollo | 1 cebolla grande

200 g (7 oz) de queso de oveja (Feta)

80 g (2½ oz) de tomates secos conservados en aceite

3 cs de aceite de colza

2 cs de avellanas picadas

1 cs de puré de tomate

150 g (5 oz) de patatas harinosas

1/2 ct de cominos

700 ml (24 fl oz) de caldo de verduras

sal | pimienta | hilo de cocina

🕐 Preparación: 1 h y 15 min
🕐 Tiempo de cocción: 40 min
➤ Aprox. 375 kcal por ración

1 | Limpiar el repollo y reservar 8 hojas grandes. Separar del repollo restante un trozo de 100 g (4 oz) y cortarlo en juliana. Aplastar el nervio central de las hojas, blanquearlas en agua hirviendo con sal 2 minutos y refrescarlas con agua fría.

2 | Pelar la cebolla y picarla. Cortar el queso de dados. Escurrir los tomates (conservar el aceite) y cortarlos en tiras.

3 | Calentar 1 cs de aceite en una sartén grande. Rehogar la mitad de la cebolla y las tiras de repollo. Cuando se enfríen un poco, mezclarlas con los tomates, el queso, las avellanas y el aceite de los tomates, y salpimentar todo.

4 | Secar las hojas de repollo y salpimentarlas. Colocarlas de dos en dos, una sobre otra, y distribuir el relleno por encima. Enrollarlas y atarlas con hilo de cocina.

5 | Calentar el resto del aceite en una sartén y freír los rollitos. Añadir la cebolla sobrante y el puré de tomate. Pelar las patatas, cortarlas en dados y mezclarlas con el comino y el caldo. Taparlo y dejar que se haga en su jugo a fuego lento 40 minutos. Servir los rollitos. Triturar la salsa y condimentarla.

económica

Remolacha con *dip* de manzana

PARA 4 PERSONAS

➤ 8 remolachas rojas (de 200 g -7 oz- cada una)

300 g (11 oz) de requesón

200 g (7 oz) de compota de manzana

2 cs de zumo de limón

3 cs de rollitos de cebollino

2 ct de rábano blanco picante rallado

2 ct de miel líquida

2 cs de aceite de nuez

sal | pimienta

🕐 Preparación: 20 min
🕐 Tiempo de cocción: 50 min
➤ Aprox. 310 kcal por ración

1 | Calentar el horno a 175 ºC (350 ºF). Lavar las remolachas y pincharlas. Envolverlas en papel de aluminio. Meterlas en el horno a 160 ºC (325 ºF) 45-50 min.

2 | Mezclar el requesón, la compota de manzana, el zumo de limón y la miel. Añadir el cebollino y condimentar todo con rábano, sal y pimienta.

3 | Pelar las remolachas y cortarlas en rodajas. Salpimentarlas y regarlas con aceite de nuez. Servirlas con el *dip*.

especialidad española

Paella de verduras

PARA 4 PERSONAS

- 250 g (9 oz) de zanahorias

  200 g (7 oz) de calabacines

  150 g (5 oz) de champiñones

  2 dientes de ajo

  800 ml (29 fl oz) de caldo de verduras

  4 cs de aceite de oliva

  250 g (9 oz) de arroz de grano largo

  400 g (14 oz) pimientos rojos

  Sambal Oelek

  200 g (7 oz) de tomates *cherry*

  sal | pimienta

⏱ Preparación: 1 h
- Aprox. 250 kcal por ración

CONSEJOS

- Para hacer la paella también se pueden utilizar otros tipos de verduras, p. ej. guisantes, vainas tiernas de guisantes, apio, hinojo o cogollitos de brécol. Si le gusta, puede añadir también filetes de pescado en tiras o mariscos. Lo importante al preparar la paella es que se mezclen los aromas, que las verduras estén hervidas *al dente* y que el pescado o los mariscos queden jugosos. El arroz debe ser muy granulado.
- Si prefiere preparar la paella de la forma típica con arroz español de grano redondo, utilce los tipos Bomba, Bahía o Thainato. Si no los encuentra, también puede recurrir a los tipos de arroz de grano redondo italianos como el Arborio o el Vialone.

1 | Lavar las verduras y limpiarlas o pelarlas según el tipo. Limpiar los champiñones y partirlos en cuartos. Cortar las zanahorias y los calabacines en tiras de 4 cm (1,57 pulgadas) de longitud. Pelar el ajo y trocearlo.

2 | Llevar a ebullición el caldo de verduras. Al mismo tiempo, calentar 3 cs de aceite en una paellera. En su defecto, utilizar 2 sartenes grandes. Freír el ajo en el aceite. Añadir el arroz y rehogarlo sin parar de removerlo. Incorporar las verduras preparadas y los champiñones, y saltearlos. Salpimentar.

3 | Verter 700 ml (24 fl oz) de caldo en el arroz. Dejar que el arroz con las verduras se haga a fuego lento durante 20-25 minutos hasta que el arroz esté hecho pero no blando.

4 | Mientras tanto, lavar los pimientos, partirlos por la mitad, limpiarlos y trocear-los. Calentar el aceite restante y freír los pimientos. Añadir 100 ml ($3^{1/2}$ fl oz) de caldo, dejar que hierva durante 10 minutos y triturarlo. Condimentar el puré con Sambal Oelek y sal.

5 | Salpimentar la paella si procede. Lavar los tomates, partirlos por la mitad y distribuirlos sobre la paella de verduras. Servir el puré de pimientos.

- Bebida: vino tinto seco suave español.

mediterránea | para invitados

Frittata con queso fresco de cabra

PARA 4 PERSONAS

➤ 450 g (1 lb) de espinacas congeladas

2 cs de piñones

1 cebolla

1 diente de ajo

2 cs de mantequilla

8 huevos

200 g (7 oz) de queso fresco de cabra

unas hojas de lechuga

sal | pimienta

🕐 Preparación: 40 min
➤ Aprox. 490 kcal por ración

1 | Preparar las espinacas siguiendo las instrucciones del paquete, dejar que se enfríen, escurrirlas bien y picarlas groseramente. Tostar los piñones en una sartén sin aceite a fuego medio.

2 | Pelar la cebolla y el ajo y picarlos finamente. Calentar la mantequilla y rehogar la cebolla y el ajo. Añadir las espinacas y salpimentarlas.

Repartirlas proporcionalmente en 2 sartenes.

3 | Mezclar los huevos con el queso fresco y condimentarlos con pimienta. Verter la mezcla de huevos uniformemente sobre las espinacas y dejar que cuaje a fuego lento durante 10 minutos.

4 | Lavar las hojas de lechuga y colocarlas en cuatro platos. Cortar la *frittata* de espinacas en trozos, ponerlos sobre la lechuga y espolvorearlos con los piñones tostados.

➤ Acompañamiento: pan blanco italiano.
➤ Bebida: vino blanco seco.

fría también está buena

Pastas de mijo

PARA 4 PERSONAS

➤ 250 g (9 oz) de mijo

1 manojo de verduras para sopa (p. ej. perejil, zanahoria, puerro y apio)

2 cs de aceite de oliva

600 ml (20$^{1/2}$ fl oz) de caldo de verduras

1 cs de hojitas de romero

80 g (3 oz) de aceitunas negras sin hueso

3 huevos

100 g (4 oz) de requesón

2 cs de mantequilla derretida

sal | pimienta

🕐 Preparación: 1 h
➤ Aprox. 470 kcal por ración

1 | Lavar el mijo y dejar que escurra bien. Lavar las verduras, limpiarlas y trocearlas. Calentar aceite en un recipiente. Rehogar las verduras, añadir el mijo y rehogarlo también brevemente. Verter el caldo, hervir todo a fuego lento durante 30 minutos y dejar que se enfríe.

2 | Picar el romero. Partir en cuartos las aceitunas. Separar 2 huevos. Mezclar las yemas con el huevo entero restante, el requesón, el romero, las aceitunas y el mijo enfriado, y salpimentar todo. Batir bien las claras y añadirlas.

3 | Calentar la mantequilla derretida. Hacer tortitas con la masa de mijo y freírlas por ambos lados a fuego lento durante 3-4 minutos.

➤ Acompañamiento: ensalada de lechuga.
➤ Bebida: vino tinto suave.

Postres para saciarse

Estos deliciosos platos con muchas frutas, refrescantes productos lácteos, así como almendras, nueces y pistachos puede dejarlos que se deshagan placenteramente en su boca sin que le remuerda la conciencia. Todos estos platos, incluidas las recetas rápidas, también pueden prepararse para el doble de comensales y servirse tras una comida ligera.

Recetas rápidas

Pasta con adormidera y nueces

PARA 4 PERSONAS

➤ 400 g (14 oz) de tallarines │ 3 naranjas
100 g (4 oz) de nueces │ 2 cs de mantequilla │ 2 cs de semillas de adormidera

1 │ Hervir la pasta según las instrucciones del paquete. Exprimir 2 naranjas, pelar la tercera y quitarle la pielecita a los gajos. Partirlos por la mitad. Picar las nueces groseramente.

2 │ Calentar la mantequilla y saltear las semillas de adormidera. Añadir el zumo de naranja, las nueces y los gajos de naranja. Escurrir la pasta y mezclarla con la salsa.

Sopa de sémola y bayas

PARA 4 PERSONAS

➤ 1 l (35 fl oz) de leche │ 1 pizca de sal │
2 ct de ralladura de piel de limón │
40 g (1¼ oz) de sémola │ 500 g (1 lb) de bayas (p. ej. frambuesas, fresas) │
2 cs de pistachos │ 2 cs de azúcar

1 │ Llevar a ebullición la leche con sal y ralladura de limón. Añadir la sémola y dejarla en reposo a fuego lento durante 8-10 minutos removiéndola de vez en cuando.

2 │ Mientras tanto, lavar las bayas, limpiarlas, y picar los pistachos groseramente. Condimentar la sopa con azúcar y rociarla con las bayas y los pistachos.

económica

Soufflé de albaricoque y arroz

PARA 4 PERSONAS

➤ 1 l (35 fl oz) de leche

250 g (9 oz) de arroz

1/2 ct de vainilla molida

1 bote de albaricoques (825 g -1 lb 13 oz-)

3 cs de mantequilla

4 huevos | 2 claras

6 cs de azúcar en polvo

2 ct de ralladura de piel de limón

⊙ Tiempo de reposo: 45 min
⊙ Preparación: 30 min
⊙ Tiempo de cocción: 20 min
➤ Aprox. 755 kcal por ración

1 | Hervir la leche. Añadir el arroz y la vainilla, taparlo y dejarlo cocer a fuego lento durante 45 minutos. Dejar que se enfríe un poco.

2 | Escurrir los albaricoques (utilizar el jugo para otra cosa) y cortarlos en láminas finas. Engrasar un molde de soufflé con 2 ct de mantequilla. Calentar el horno a 175 ºC (350 ºF).

3 | Separar los huevos. Mezclar con el arroz las yemas, la mantequilla restante, 3 cs de azúcar en polvo y la ralladura de limón. Batir las claras. Echar la mitad sobre el arroz y verter el azúcar en polvo restante sobre la otra mitad.

4 | Echar la mitad del arroz en el molde, cubrirlo con los albaricoques y verter encima el resto del arroz. Distribuir por encima las claras azucaradas. Meter el soufflé en el horno (posición inferior, horno turbo a 160 ºC -325 ºF-) durante 20 minutos hasta que la superficie se dore ligeramente.

fácil

Pizza de frutas

PARA 4 PERSONAS

➤ 2 bases de pizza (congeladas)

250 g (9 oz) de fresas

2 cs de azúcar en polvo

1 kg (2¼ lb) de frutas variadas (p. ej. kiwis, nectarinas, frambuesas, uvas)

2 cs de bolitas de coco (tienda de productos dietéticos)

⊙ Preparación: 15 min (+ tiempo de cocción)
➤ Aprox. 435 kcal por ración

1 | Calentar el horno según las instrucciones del envase. Colocar cada base de pizza en una bandeja del horno. Pincharlas varias veces con un tenedor y hacerlas en el horno (posición intermedia) según las instrucciones.

2 | Mientras tanto, limpiar las fresas, quitarles el pedúnculo y triturarlas con azúcar en polvo. Lavar el resto de la fruta, limpiarla y trocearla.

3 | Dejar que las bases de pizza se enfríen un poco y cubrirlas con la mermelada de fresas. Repartir por encima las frutas decorativamente. Servir la pizza de frutas caliente salpicada con bolitas de coco.

CONSEJO Los tiempos y temperaturas de cocción de las bases de pizza congeladas son tan distintos que es necesario seguir las instrucciones del envase.

económica
Creps de manzana caramelizados

PARA 4 PERSONAS

➤ 150 g (5 oz) de harina

1/4 l (9 fl oz) de leche

4 huevos

2 ct de ralladura de piel de naranja

4 cs de azúcar en polvo

4 manzanas medianas (p. ej. Reineta o Golden)

2 cs de zumo de limón

3 cs de mantequilla para freír

500 ml (17 fl oz) de helado de vainilla o nueces

1 pizca de sal

hojitas de menta para adornar

🕐 Preparación: 50 min

➤ Aprox. 600 kcal por ración

1 | Formar una masa lisa con harina, sal, leche, huevos, ralladura de naranja y 2 cs de azúcar en polvo. Dejarla en reposo durante 30 minutos.

2 | Pelar las manzanas, partirlas en cuartos, quitarles las semillas y cortarlas en láminas finas. Mojarlas inmediatamente con zumo de limón.

3 | Calentar 1/2 cs de mantequilla en una sartén por cada crep. Colocar las láminas de 1 manzana formando un círculo. Verter uniformemente por encima un cuarto de la masa. Freírla a fuego medio hasta que la parte de abajo se dore.

4 | Dar la vuelta a la crep y freír el otro lado. Espolvorear la crep con el azúcar en polvo restante y caramelizarlo durante 2 minutos en el horno grill. Servirla con el helado y decorarla con la menta.

especialidad de Francia
Clafoutis de cerezas

PARA 4 PERSONAS

➤ 125 g (4$^{1/2}$ oz) de azúcar

4 huevos

200 ml (7 fl oz) de leche

150 g (5 oz) de *crème fraîche*

100 g (4 oz) de harina

100 g (4 oz) de almendras molidas

1 kg (2$^{1/4}$ lb) de cerezas

1 cs de azúcar de vainilla

2 ct de mantequilla para el molde

1 cs de azúcar en polvo para decorar

🕐 Preparación: 25 min

🕐 Tiempo de cocción: 35 min

➤ Aprox. 780 kcal por ración

1 | Batir el azúcar y los huevos hasta que doblen su volumen. Añadir en este orden la leche, la *crème fraîche*, la harina y las almendras, y remover todo hasta obtener una masa lisa. Dejarla en reposo brevemente.

2 | Mientras tanto, calentar el horno a 200 ºC (400 ºF). Lavar las cerezas y quitarles el rabito y el hueso. Engrasar un molde grande. Echar las cerezas y espolvorearlas con azúcar de vainilla.

3 | Verter la masa sobre las cerezas y meterlas en el horno (posición intermedia, horno turbo a 180 ºC -360 ºF-) durante 35 minutos hasta que la superficie se dore. Servir el *clafoutis* decorado con azúcar en polvo.

clásica | para invitados

Bocaditos vieneses

PARA 4 PERSONAS

➤ 5 huevos

80 g (3 oz) de azúcar en polvo

1/4 l de leche

125 g (4$^{1/2}$ oz) de nata

200 g (7 oz) de harina

60 g (2$^{1/4}$ oz) de mantequilla

80 g (3 oz) de pasas sin semillas

80 g (3 oz) de láminas de almendra

sal

🕐 Preparación: 40 min

➤ Aprox. 770 kcal por ración

1 | Separar los huevos. Batir las yemas con 60 g (2$^{1/4}$ oz) de azúcar en polvo hasta obtener una espuma espesa. Añadir leche, nata, 1 pizca de sal y harina. Batir las claras a punto de nieve.

2 | Calentar la mantequilla en 2 sartenes grandes. Echar en cada una la mitad de la masa, echar las pasas y dejar que se hagan a fuego medio hasta que la parte de abajo se dore ligeramente.

3 | Darle la vuelta a la masa y hacerla por el otro lado. Partir cada masa en trozos grandes con dos tenedores. Añadir las almendras por encima y terminar de hacer los bocaditos dándoles vueltas. Decorarlos inmediatamente con azúcar en polvo y servirlos.

➤ Acompañamiento: compota de manzana o ciruela.

especialidad de EE UU

Tortitas de arándanos

PARA 4 PERSONAS

➤ 250 g (9 oz) de arándanos congelados

2 cs de mantequilla

250 g (9 oz) de harina

1 cs de levadura

2 cs de azúcar | sal

2 huevos

400 ml (14 fl oz) de leche de manteca

3 cs de mantequilla derretida para freír

4 cs de sirope de arce para decorar

🕐 Preparación: 40 min

➤ Aprox. 435 kcal por ración

1 | Dejar que los arándanos se descongelen en un escurridor. Derretir la mantequilla. Mezclar en un cuenco la harina con levadura, azúcar y 1 pizca de sal. Batir los huevos con la leche de manteca y la mantequilla derretida y añadirlos a la mezcla de harina. Poner el horno a 80 ºC (110 ºF).

2 | Calentar un poco de mantequilla derretida en una sartén antiadherente. Echar en cada tanda 3-4 tortitas y freírlas. En cuanto en la superficie aparezcan burbujas, rociar la tortita con arándanos y dejar que se haga un poco más. Darle la vuelta y terminar de freírla.

3 | Mantener las tortitas calientes en el horno. Servirlas regadas con sirope de arce.

En las recetas aparecen de vez en cuando ingredientes que no son muy conocidos. Para facilitarle las cosas a la hora de hacer la compra, aquí le presentamos una breve descripción.

Chile en polvo

Mezcla de especias formada por polvo de pimiento, chiles, orégano, cominos y ajo.

Chiles

Los hay frescos y secos. Los frescos pueden ser amarillos (suaves), verdes o rojos (desde picantes hasta muy picantes), y pueden tener distintos tamaños. La siguiente regla siempre se cumple: cuanto más pequeño sea el chile, más picante será su sabor.

Cuscús

Sémola de trigo duro especialmente elaborada. Se puede encontrar en supermercados bien surtidos y en tiendas de productos turcos o griegos. El cuscús precocido no necesita ningún tipo de cocción, sólo debe dejarse en reposo.

Pasta de curry

Mezcla de diversas especias y base de muchos platos tailandeses. Se encuentra como producto preparado en tiendas de productos asiáticos en color rojo, verde y amarillo. En el frigorífico puede conservarse durante meses.

Pasta filo

Especie de masa neutra para hojaldre. Esta pasta quebradiza y delgada también se vende hecha y se utiliza para varios tipos de postres y comida salada, p. ej. para introducir algún tipo de relleno.

Harissa

La más conocida de las pastas árabes condimentadas. Se elabora a base de chiles, ajo, sal, cilantro, cominos y aceite de oliva.

Mijo

Pequeños granos de cereal amarillos. Contienen muchos nutrientes importantes y poseen un fino sabor aromatizado. Estos granos se pueden preparar como si fueran arroz. El mijo se puede encontrar en forma de harina, sémola y copos.

Jengibre

Tubérculo con un fresco punto picante y un ligero sabor dulce. Los tubérculos frescos son de carne compacta y jugosa, y tienen una piel sedosa y brillante.

Garbanzos

Variedad de guisante de color amarillento y forma de avellana procedente de Oriente Medio. Además de en guisos, también se utilizan en ensaladas o como guarnición.

Leche de coco

Líquido exprimido a partir de ralladura de pulpa de coco que se utiliza para ligar ingredientes y condimentar platos. Se encuentra en forma líquida envasada en botes o en polvo o pasta para mezclar con otros ingredientes.

Cilantro

También llamado perejil chino. Es una hierba muy aromática. Se puede cultivar en casa en una maceta.

Comino

Típica especia asiática con una nota picante. Es un componente indispensable en casi todas las mezclas de curry.

Miso

Aromática pasta de soja japonesa utilizada en sopas,

salteados, *souflés* y *dips*. Cuanto más oscura sea, más sabrosa y aromática resultará.

Papel de arroz

Finas láminas de harina de arroz empleadas para elaborar rollitos rellenos. Se deben ablandar antes de su consumo.

Sambal Oelek

Pasta especiada picante procedente de la cocina indonesia. Se compone de chiles machacados, vinagre y sal.

Aceite de sésamo

Aceite altamente aromático elaborado a partir de semillas de sésamo tostadas. Sólo se utilizan unas gotas o alguna cucharadita para aromatizar la comida.

Pasta de sésamo

También llamado *puré de sésamo* o *tahin*. Se trata de una crema espesa de granos de sésamo tostados. Está indicada para condimentar o ligar ingredientes, así como para untar en el pan.
Se puede encontrar en tiendas de productos dietéticos y naturales.

Crema de soja

Preparado de soja parecido a la nata. Puede sustituir productos lácteos de origen animal en sopas y salsas.

Salsa de soja

Salsa aromática elaborada a base de soja fermentada. Se utiliza en Asia para macerar alimentos y como sustitutivo de la sal. La salsa clara de soja es más líquida y menos oscura que la convencional.

Brotes

Nos referimos a brotes jóvenes de semillas de cereales, legumbres y frutos secos. Se pueden cultivar en casa o comprar envasados en bolsas en la sección de refrigerados.

Batatas

Su pulpa es harinosa y ligeramente dulce. Tienen las mismas características de cocción que las patatas. También se llama boniato.

Lentejas pardinas

Pertenecen al grupo de las lentejas verdes. Las lentejas más grandes se llaman castellanas. Cuando se cosechan, tienen un color verde claro o aceituna, pero cuando se almacenan durante mucho tiempo, adquieren un tono que va desde el marrón amarillento al marrón oscuro.

Albahaca tailandesa

Hierba del Lejano Oriente. Sus hojas son ligeramente picantes y tienen un sabor más intenso que la variante europea. El aroma recuerda mucho al del anís.

Tofu

Se elabora con leche de soja y se prensa formando un bloque. Tiene una consistencia compacta, es rico en proteínas y pobre en grasas y colesterol. Sus posibilidades de utilización en la cocina son muy variadas. Se puede encontrar puro, con hierbas y ahumado.

Cebolla temprana

Su aroma es inconfundible: fresco y con una nota agria a limón. De sus tallos compactos y alargados, sólo se emplea la parte inferior más clara y gruesa para elaborar ensaladas y salsas.

Para su correcta utilización

Para que pueda encontrar con mayor rapidez las recetas y sus ingredientes, en este índice aparecen los más comunes, ordenados alfabéticamente y en **negrita**, con sus correspondientes recetas.

La autora

Marlisa Szwillus

Su amor por la cocina y su afición por el "buen yantar" se convirtió en su profesión. Esta titulada en ecotrofología dirigió durante muchos años la sección gastronómica de la mayor revista de cocina alemana. Desde 1993 trabaja por su cuenta como periodista especializada y escritora en Múnich. Es miembro del Club de Editores Gastronómicos de Alemania, y siempre conjuga la alimentación sana con el placer culinario.

El fotógrafo

Kai Mewes

Fotógrafo culinario *free-lance* asentado en Múnich, colabora con editoriales y agencias de publicidad. Su estudio (en el que realiza proyectos sobre cocina experimental) se encuentra precisamente cerca de un mercado. Sus expresivas imágenes son reflejo de su entrega, su arte y su gusto culinario. El estilismo corre a cargo de Akos Neuberger.

Atención

Los grados de temperatura de los hornos de gas varían de un fabricante a otro. Para comprobar las posibles correspondencias, consulte las instrucciones de su horno.

Fotografías

FoodPhotographie Eising, Martina Görlach: fotografía de cubierta
Restantes fotografías: Kai Mewes (Múnich)

Jefe de redacción:
Birgit Rademacker
Redacción:
Stefanie Poziombka
Revisión:
Adelheid Schmidt-Thomé
Corrección: Susanne Elbert
Maquetación, tipografía y diseño de cubierta: independent Medien-Design, Múnich
Producción: Maike Harmeier
Composición: EDV-Fotosatz Huber/Verlagsservice G. Pfeifer, Germering

Título original: *Vegetarisch. Lieblingsrezepte aus aller Welt.*
Traducción: Cristina Lillo Toledo

ABREVIATURAS:

cs = cucharada sopera
ct = cucharadita de té
fl oz = onza fluida
g = gramo
h = hora
kcal = kilocalorías
kg = kilogramo
l = litro
lb = libra
min = minuto
ml = mililitros
oz = onza

© Gräfe und Unzer GmbH
y EDITORIAL EVEREST, S. A.
Carretera León-La Coruña,
km 5 - LEÓN
ISBN: 84-241-1698-4
Depósito Legal: LE: 275-2005
Printed in Spain - Impreso en España

EDITORIAL EVERGRÁFICAS, S. L.
Carretera León-La Coruña, km 5
LEÓN (ESPAÑA)

www.everest.es
Atención al cliente: 902 123 400

GLOSARIO DE TÉRMINOS

España	Latinoamérica	En inglés
Albaricoque	Durazno, damasco	Apricot
Alubia blanca	Judía blanca, haba blanca	Beans
Beicon	Tocino de puerco, panceta, tocineta	Bacon
Cacahuete	Cacahuate, maní	Peanut
Calabacín	Calabacita, calabaza, zapallito	Zucchini
Callo, morro	Mondongo	Tripe
Cochinillo	Lechón, cochinita, cerdito	Piglet
Creps	Crepas, panqueque, arepas	Crêpe
Dulce, membrillo	Ate, dulce de cereza	Quince
Entremés	Botana, copetín, entremeses	Hors d´oeuvre
Especias diversas	Recaudo	Spice
Filete	Escalopa, bife, biftec	Steak
Fresa	Frutilla	Strawberry
Gamba	Camarón	Schrimp
Guisante	Chícharo, arveja, habichuelas	Pea
Helado	Nieve, mantecado	Ice-cream
Judía verde	Ejote, chaucha	String bean
Maíz	Elote, choclo	Corn
Melocotón	Durazno	Peach
Nata	Crema de leche, crema doble, natilla	Cream
Patata	Papa	Potato
Pavo	Guajolote	Turkey
Pimiento verde	Ají	Pepper
Plátano	Plátano macho, banana, guineo	Banana
Salpicón	Ceviche, ceviche criollo	
Salsa	Aliño, mole	Sauce
Sésamo	Ajonjolí	Sesame
Setas	Hongos, mushrooms	Mushrooms
Tomate rojo	Jitomate, tomate	Tomato
Tortilla	Torta, omelette, omellete	Omelet
Zumo	Jugo, néctar	Juice

TABLAS DE EQUIVALENCIAS Y CONVERSIONES

PESO

Sistema métrico	Sistema anglosajón
30 g	1 onza (oz)
110 g	4 oz (1/4 lb)
225 g	8 oz (1/2 lb)
340 g	12 oz (3/4 lb)
450 g	16 oz (1 lb)
1 kg	$2^{1/4}$ lb
1,8 kg	4 lb

CAPACIDAD (líquidos)

ml	fl oz (onzas fluidas)
30 ml	1 fl oz
100 ml	$3^{1/2}$ fl oz
150 ml	5 fl oz
200 ml	7 fl oz
500 ml	17 fl oz
1 l	35 fl oz

LONGITUD

pulgadas	equivalente métrico
1 pulgada	2,54 cm
5 pulgadas	12,70 cm
10 pulgadas	25,40 cm
15 pulgadas	38,10 cm
20 pulgadas	50,80 cm

TEMPERATURAS (Horno)

°C	°F	Gas
70	150	1/4
100	200	1/2
150	300	2
200	400	6
220	425	7
250	500	9

▶ AROMAS DE TODO EL MUNDO

- ➤ La albahaca, el romero, el tomillo, la salvia y el ajo son algunas de las especias más importantes de los países mediterráneos.
- ➤ El jengibre, la cebolla temprana, los chiles, el curry, el cilantro y la salsa de soja son imprescindibles en la cocina asiática.
- ➤ La condimentación típica árabe incluye pimentón, comino, azafrán, cardamomo, nuez moscada, canela y menta.

Garantía de éxito
para un "disfrute vegetariano"

▶ CÓMO RECONOCER LO FRESCO

- ➤ La lechuga, los espárragos, el colinabo y las ramas de apio tienen zonas húmedas cuando se trocean.
- ➤ Las hojas de las coles son firmes al tacto.
- ➤ Las manzanas y las peras tienen la piel lisa, y las fresas tienen los sépalos erguidos.

▶ CÓMO LIMPIAR LAS SETAS

- ➤ No lave ni las setas cultivadas ni las silvestres, ya que se empapan rápidamente de agua y pierden su aroma. Basta con cepillarlas ligeramente con un pincel de cerdas suaves y cortarles parcialmente el pie.

▶ COCINAR AL VAPOR

- ➤ Cuando los alimentos se hacen al vapor dentro de un recipiente especial (un escurridor o una cestita de bambú), no entran en contacto ni con líquidos ni con aceites. De esta forma, conservan sus vitaminas y minerales, su aroma característico y sus apetitosos colores. La cocción al vapor está especialmente indicada para verduras y patatas, sin olvidarnos del arroz.